Jaime Flor Gutierrez
Oldan Andres Valderrama

Logística internacional

Jaime Flor Gutierrez
Oldan Andres Valderrama

Logística internacional

Evolução da gestão logística nas operações de
transporte internacional na Colômbia

ScienciaScripts

Imprint

Any brand names and product names mentioned in this book are subject to trademark, brand or patent protection and are trademarks or registered trademarks of their respective holders. The use of brand names, product names, common names, trade names, product descriptions etc. even without a particular marking in this work is in no way to be construed to mean that such names may be regarded as unrestricted in respect of trademark and brand protection legislation and could thus be used by anyone.

Cover image: www.ingimage.com

This book is a translation from the original published under ISBN 978-620-0-01759-8.

Publisher:
Sciencia Scripts
is a trademark of
Dodo Books Indian Ocean Ltd. and OmniScriptum S.R.L publishing group

120 High Road, East Finchley, London, N2 9ED, United Kingdom
Str. Armeneasca 28/1, office 1, Chisinau MD-2012, Republic of Moldova, Europe
Printed at: see last page
ISBN: 978-620-7-39254-4

Resumo - Este trabalho de pesquisa tem como objetivo abordar a questão da evolução da gestão logística no transporte internacional na Colômbia, o transporte é considerado uma atividade que tem sido desenvolvida praticamente desde a origem da vida humana, tem sofrido grandes mudanças positivas ao longo da história e, por sua vez, obriga os operadores logísticos a adotar novas estratégias que geram entregas cada vez mais eficientes.

Para a logística internacional, o transporte é a parte mais importante de toda a cadeia de abastecimento e produção de matérias-primas e mercadorias. Para além da sua constante evolução no mercado, oferece facilidade e produtividade graças à diversidade de meios de transporte existentes em todo o mundo para a circulação de todo o tipo de produtos.

Palavras-chave - *distribuição, desenvolvimento, transporte, logística, frete, história da logística, distribuição logística, abastecimento, operações de transporte, transporte multimodal, transporte intermodal.*

Resumo do conteúdo

Introdução

Há alguns anos, a logística consistia simplesmente em fazer chegar a quantidade certa de mercadorias ao local certo, no momento certo, sem perder de vista outro objetivo importante: reduzir ao máximo os custos. Atualmente, estas actividades evoluíram consideravelmente, tornando-se um processo mais complexo e eficaz, sem perder de vista o objetivo de redução dos custos.

A logística a nível internacional pode ser vista como um processo de troca de mercadorias que são transportadas ou distribuídas de forma operacional para que muitas empresas, países ou pessoas adquiram um bem comum que pode ser económico ou satisfatório. Por esta razão, muitas empresas e instituições desenvolveram sectores dedicados exclusivamente a esta atividade.

Esta razão ou circunstância faz com que a logística possa ser entendida como uma forma de configurar a estratégia das empresas, na qual se podem obter vantagens competitivas surpreendentes sobre a concorrência através do desenvolvimento inteligente de processos de transporte eficientes.

A gestão logística, no sentido de transporte, refere-se ao transporte de mercadorias, produtos acabados, insumos e matérias-primas através de portos marítimos, aeroportos e fronteiras, utilizando grandes navios, aviões de carga, tractores e caminhos-de-ferro, acompanhados e, em muitos casos, limitados por aspectos como infra-estruturas, peças sobressalentes para meios de transporte, serviços auxiliares de transporte e combustível, sendo este último um dos principais obstáculos para a Colômbia devido ao seu elevado custo, A isto acresce o facto de o sector dos transportes desempenhar um papel importante para todos os países, não só a nível económico, mas também a nível social, uma vez que a competitividade de um país depende em grande medida dele, como é o caso do transporte terrestre, que permite a mobilização de todo o tipo de produtos entre regiões, incluindo os que são exportados ou importados, uma vez que cerca de "80% da carga na Colômbia é transportada por estrada" (Rosas, 2013).

Se analisarmos os três tipos de transporte atualmente existentes, verificamos que o transporte aéreo depende dos aviões comerciais, que podem ser uma combinação de carga e de pessoas, que o transporte marítimo é determinado pelos grandes navios de carga, que podem transportar carga a granel ou fechada e/ou em grandes dimensões e quantidades, e, por último, que o transporte terrestre é determinado por todos os tipos de camiões especiais, que podem transportar carga de diferentes capacidades, mas em menores quantidades, ao contrário dos dois anteriores, bem como por comboios de carga, que podem ser mobilizados em linhas especiais, como caminhos-de-ferro ou estradas.

O que precede torna a logística internacional simples para aqueles que a querem aplicar, mas é necessário ter em conta aspectos importantes como o planeamento do transporte, a preparação da carga em causa através de embalagem ou proteção física, a proteção económica e jurídica para segurar a carga em caso de anomalia e, finalmente, a otimização dos seus recursos.

Este artigo, escrito como um trabalho de investigação, tem como objetivo cobrir os tópicos acima referidos para que o leitor possa considerá-los como uma base útil se desejar implementá-los ou se for confrontado com qualquer tópico de logística numa situação real.

1. História do desenvolvimento dos transportes

Dado que o homem, desde o primeiro momento da sua existência, tem necessidade de se deslocar e de percorrer distâncias curtas ou longas quando utiliza a sua mente para atingir os seus próprios objectivos, tem de inventar processos logísticos cada vez mais eficazes para atingir esses resultados.

No início, o homem já dispunha de estradas imperfeitas ou rudimentares, criadas em parte pela natureza e em parte pelo próprio homem, que o ligavam a outras cidades ou destinos. Foi por esta razão que surgiu a necessidade de alterar o modo de deslocação para chegar a destinos cada vez mais distantes e evitar o cansaço das deslocações a pé.

"No século XVI, a população da Europa duplicou e a necessidade de transportar produtos e pessoas aumentou em conformidade, foi criada uma rede de estradas e desenvolveram-se carroças puxadas por cavalos e bestas de carga; a partir do alK, o veículo começou a ter uma influência clara nestas culturas" (Saldarriaga, 2017).

Foi assim que nasceram os transportes, que lhes permitiram deslocar-se com rapidez e agilidade e transportar os seus bens e haveres de um lugar para outro da mesma forma.

Com o passar do tempo, o homem já não se contentava com os transportes terrestres puxados por animais e viu a necessidade de transportar tanto os seus bens como a si próprio através de mecanismos muito mais rápidos, pelo que inventou o automóvel movido por um motor. Pouco a pouco, foram surgindo novas ideias para permitir a passagem de fronteiras, o que levou à invenção do transporte por água, seguido de outros meios de transporte extremamente rápidos que atravessavam a água e a terra ao mesmo tempo. Foi nesta altura que surgiu a invenção do avião, uma ideia que nasceu para imitar a forma como as aves se deslocavam e, até hoje, os dois últimos são os mais utilizados para o transporte de pessoas ou objectos em grandes quantidades.

Na cadeia com o acima exposto, a necessidade de distribuir os produtos desenvolvidos pelas empresas desde o seu estado final de produção até à aquisição e consumo final dos clientes é gerada por actividades encadeadas que permitem a transferência dentro de prazos acordados. Como sabemos, toda a atividade tem uma consequência, e as empresas que desenvolvem produtos degradam muito o ambiente e acabam com os recursos naturais devido à extração de matérias-primas e à poluição causada pelos meios de transporte utilizados para a distribuição, bem como aos custos associados à atividade, razão pela qual se começam a procurar formas de desenvolvimento e crescimento económico em empresas que tenham um impacto positivo na degradação ambiental através da recuperação e reutilização de produtos usados.

Com base no exposto, sublinha-se a importância deste artigo, que tem como objetivo informar claramente o leitor sobre as origens da logística e mostrar como esta se desenvolveu atualmente através de estudos teóricos e casos reais de empresas. Desta forma, este artigo torna-se um modelo de estudo que serve de guia para o desenvolvimento futuro de todas as actividades logísticas nas empresas.

2. O passado da logística

2.1 Perspetiva de fundo

Nos anos 50, a logística estava ligada a conceitos militares e não económicos, e dizia respeito apenas à aquisição de equipamento, à manutenção das instalações e ao transporte de materiais e pessoas.

Após o fim da Segunda Guerra Mundial, muitos países industrializados registaram um aumento da procura, o que significava que a sua capacidade de produção estava a diminuir e que já não conseguiam cobrir as suas vendas. Isto levou muitas empresas da época a adotar estratégias semelhantes às do exército, para poderem crescer.

Dentro das empresas, nessa altura e face ao exposto, começou-se a tocar em questões de troca de custos, como exemplo, para que fosse a troca de custos de inventário por custos de transporte com o objetivo de obter as mercadorias certas para as empresas, para além de criar estratégias que permitissem a venda dos seus produtos ou artigos em qualquer parte do mundo.

Nos primeiros tempos, o transporte era efectuado por terra ou por mar e, nalguns casos, ambos eram utilizados quando a viagem o exigia. Os comerciantes viajavam com as mercadorias ou enviavam pessoas da sua confiança para efetuar as transacções.

Seguiram-se ideias para expandir o mercado, uma vez que os canais de distribuição se tinham tornado obsoletos para muitas empresas, obrigando-as a analisar questões de distribuição e transporte eficientes através do desenvolvimento e da investigação, de modo a poderem entregar os seus produtos ou artigos em qualquer parte do mundo.

2.2 Origens e desenvolvimento dos transportes internacionais.

O transporte sempre foi visto como uma necessidade que evolui com o tempo. Pode ser utilizado por duas razões: em primeiro lugar, para mobilizar pessoas e, em segundo lugar, para transportar bens ou conteúdos para um local desejado. Com as constantes mudanças ou evoluções, o transporte obtém vantagens suficientes em termos de localização e tempo, uma vez que permite que as pessoas e os seus bens sejam transportados de um destino ou local para outro. Alguns dos factores mais importantes são a segurança, a liberdade de movimentos, a fiabilidade do sistema e a relação custo-benefício, tornando-o um dos meios de transporte mais utilizados.

Inicialmente, o transporte internacional dizia respeito apenas ao transporte terrestre e ao transporte marítimo. Há muitos anos (na pré-história), todos os tipos de mercadorias eram transportados por estrada, de uma forma rudimentar mas eficiente.

Inicialmente a pé ou no dorso de animais robustos capazes de transportar cargas pesadas, e mesmo nos rios, lagos e mares com canoas, jangadas ou barcos, mais conhecidos como barcos a remos, que se deslocavam com as mãos, os pés ou tábuas planas.
Com o aumento da procura, foram desenvolvidos outros tipos de veleiros, que permitem transportar mercadorias a longas distâncias e também reduzir a fadiga humana, uma vez que a sua principal fonte de propulsão é o vento.
Durante o século XIX, após numerosas experiências, foram gradualmente substituídos por *navios a vapor* que, no âmbito da revolução industrial, aumentaram a capacidade de carga.

O final do século XIX assistiu ao aparecimento do motor e, consequentemente, do *navio moderno*. Estes grandes navios de carga operavam principalmente em rotas intercontinentais.

Enquanto a indústria da aviação estava no seu apogeu, o transporte aéreo começou a ganhar força nas últimas décadas graças ao protótipo de avião inventado pelos irmãos Wright em 1903, e serviu como uma transformação em grande escala ao longo de muitos anos de experimentação, que foi depois utilizado para transportar cargas e pessoas por todo o mundo. Atualmente, o transporte aéreo continua a ser a forma mais inovadora de transportar mercadorias entre cidades ou países num curto espaço de tempo e, desde então, tornou-se muito viável e necessário utilizar diferentes formas de transporte para movimentar qualquer tipo de produto. É também de salientar que os diferentes modos de transporte de mercadorias são utilizados diariamente, mas a escolha do modo adequado depende de factores importantes como o tipo de carga, o tamanho, o volume ou a quantidade e a importância da carga.

3. Planeamento dos transportes

Como já referimos, o transporte continua a ser considerado o elo mais importante da cadeia logística, tanto a nível nacional como internacional, porque não se trata apenas de fazer entregas rápidas, mas também de as adaptar cuidadosamente às necessidades dos clientes. Além disso, graças ao transporte, uma comunidade inteira não tem de produzir tudo no local e não há importação-exportação, mais conhecida como comércio livre entre países.

Quando falamos de operações de transporte logístico nacional ou internacional, estamos a referir-nos a todas as actividades e procedimentos necessários para transportar pessoas ou mercadorias de um local para outro da forma mais eficiente possível. Por este motivo, o planeamento dos transportes desempenha um papel importante na determinação da forma mais eficiente de transportar pessoas ou mercadorias de um local para outro:

- O produto a transportar.
- Se tiver de ser transportado
- Ponto ou local de partida e de chegada.
- Possíveis itinerários de transporte, tendo em conta os itinerários alternativos.
- Prazo de entrega previsto.

- Capacidade e limitações em termos de peso e volume.
- restrições de itinerário *(número de portagens e de pontos de entrega).*
- Disponibilidade de meios de transporte.

3.1 Tipos de carga

Todos os países do mundo estão a desenvolver uma grande variedade de produtos que necessitam de ser transportados para serem comercializados e/ou utilizados. Por isso, é importante conhecer os tipos de mercadorias existentes, para que se possa escolher o meio de transporte mais adequado, consoante sejam perecíveis, frágeis ou perigosas. De seguida, apresentamos uma lista dos tipos de carga existentes.

São utilizados 3 tipos de carga

- *Carga fraccionada:* corresponde a todos os tipos de mercadorias que podem ser transportadas independentemente umas das outras, em grandes ou pequenas quantidades. Uma das suas principais características é o facto de serem manuseadas como unidades e permitirem também contabilizar o número de unidades armazenadas e prontas a serem transportadas.

Este tipo de carga subdivide-se ainda em :

Cargas com embalagem

Devido às suas características, requer a proteção de um recipiente ou caixa como "embalagem" para armazenamento.

Cargas não embaladas

Corresponde a qualquer produto que não necessite de ser embalado para expedição.

Cargas unificadas

Refere-se a todos os tipos de artigos individuais, embalados ou não, que são agrupados numa única grande embalagem de maior volume e que são geralmente colocados em paletes para facilitar o transporte.

Estes incluem

Carga paletizada

Trata-se de produtos da mesma categoria com embalagens normalizadas, agrupados e acondicionados em paletes.

Fonte: (Maquinaria y materiales de embalaje, S.L)

Carga suspensa

Pertencem geralmente à mesma categoria e à mesma embalagem normalizada e distinguem-se das outras pelo facto de serem entregues prontas para serem penduradas e levantadas. Fazem normalmente parte de um grande lote.

Fonte: (Gruas y transportes)

Transporte de mercadorias em contentores

Todas as mercadorias (embaladas ou não) colocadas numa caixa de metal ou de fibra de 20 ou 40 pés para um transporte fácil e seguro.

Para este tipo de carga, é importante ter um conhecimento claro do tipo de material ou produto a transportar, uma vez que estão atualmente a ser construídos muitos tipos diferentes de contentores em muitas partes do mundo, cumprindo os requisitos específicos da Organização Internacional de Normalização (ISO) e concebidos especificamente para cada produto. *Os tipos de contentores marítimos e terrestres atualmente disponíveis são descritos a seguir.*

Tipo de contentor	Descrição
Padrão (transportador seco)	Todos os tipos de mercadorias em geral, com ou sem embalagem
Refrigerado	Perecíveis
Camião-cisterna	Líquidos a granel
Lado aberto (porta lateral)	Acesso à carga lateral
A granel (contentor fechado)	Carregamento de mercadorias a granel
Cubo alto	Cargas leves, volumosas e sobredimensionadas
Plano	Cargas difíceis de manusear
Aberto na parte superior	Grandes cargas que necessitam de ser carregadas ou descarregadas por cima

Fonte: produção própria

Fonte : Alejandro Triana

- Carga a granel: carga transportada em grandes quantidades, mas que não necessita de ser embalada porque é armazenada em compartimentos especialmente equipados para o efeito.

Este tipo de exposição divide-se em três grupos:

<u>Líquido</u>

Tudo o que tenha a ver com lubrificantes, petróleo, combustíveis, óleos vegetais ou óleos alimentares.

Fonte : Alejandro Triana

Sólido

Tudo o que tem a ver com cereais, minerais e fertilizantes, Madeira, entre outras coisas.

Fonte : Alejandro Triana

Gasoso

Estes incluem o propano, o butano, o azoto e outros (Triana, 2015).

Fonte: Alejandro Triana

É de notar que as categorias de produtos a granel podem frequentemente ser consideradas perigosas.

- Especial :

Todas as mercadorias que, devido à sua dimensão, peso, durabilidade ou perigosidade, exigem uma manipulação e um transporte que satisfaçam determinadas condições "excepcionais". Esta definição ampla abrange uma grande variedade de mercadorias, desde produtos agrícolas perecíveis que exigem um controlo rigoroso da temperatura durante o transporte, até equipamento para projectos mineiros que, devido à sua dimensão, requerem cuidados especiais. Outras mercadorias pertencentes a este grupo são as substâncias radioactivas, as flores, os vinhos, as amostras médicas, as vacinas, a carga de projeto, etc. (Global Business Logistics Transportation

Distribution, 2011).

Este tipo de transporte inclui também os produtos considerados preciosos, tais como obras de arte, metais preciosos, peles que precisam de ser aquecidas e todos os produtos que o cliente deseja transportar ou comprar e pelos quais paga um tratamento especial.

3.2 Aspectos relevantes do transporte internacional.

O transporte internacional é um processo complexo que começa com a encomenda no mercado externo e termina com a entrega do produto ao cliente. Para uma gestão optimizada dos transportes, é importante dispor das infra-estruturas e dos mecanismos de transporte adequados às necessidades do cliente. Por conseguinte, é importante ter *em conta* determinados *componentes relevantes para* melhorar o desempenho do processo mais importante da logística. Estes componentes incluem

Infra-estruturas

Para cada país, representam um dos recursos mais importantes para o comércio de bens e mercadorias de forma eficiente, fiável e a custos competitivos, e para promover o desenvolvimento económico. Incluem estradas naturais e artificiais (rios, lagos, mares, espaço aéreo, caminhos-de-ferro, auto-estradas) e terminais.

Para a Colômbia, as infra-estruturas são muito importantes para investir em grandes mega-indústrias como as que estão atualmente em desenvolvimento, algumas das quais são a Rota do Sol, longas auto-estradas e estradas terciárias que permitem a comunicação entre departamentos e, por conseguinte, uma exportação fácil, os principais aeroportos e portos estão muito desenvolvidos e equipados com a mais moderna tecnologia, mas para serem eficientes no transporte internacional, todos os países devem também pôr em prática um plano para melhorar as suas estradas e estar ao nível das infra-estruturas, para que este processo não se torne um estrangulamento.

Operações

O transporte internacional de mercadorias pode ser efectuado de duas formas: diretamente do país de origem para o país de destino, ou através de uma série de paragens ou escalas em vários países antes de chegar ao país de destino das mercadorias. É de salientar que tanto os transportadores como as autoridades dos países por onde as mercadorias transitam devem cumprir uma série de requisitos e/ou regras relativas ao transporte, desde documentos, tempos de espera e pagamentos garantidos até à validade do transporte, a fim de evitar riscos e medidas desnecessárias.

Uma vez que o trânsito internacional de mercadorias é regido por acordos transfronteiriços, foi encontrada uma solução para este problema no sistema operacional internacional para o trânsito aduaneiro desenvolvido pela UNECE e pelo Comité dos Transportes Terrestres das Nações Unidas, conhecido como a *Convenção TIR, que é* atualmente assinada por 68 países em todo o mundo e que estipula que todas as mercadorias transportadas sob selo e em veículos aprovados não são sujeitas a controlos físicos durante o trânsito e que os direitos e impostos correspondentes são suspensos até que as mercadorias cheguem ao seu destino. Isto facilita controlos minuciosos, poupa tempo nas fronteiras intermédias, melhora as taxas de transporte e dá às autoridades aduaneiras a segurança e as garantias necessárias.

As operações estão relacionadas com os tipos de transporte, uma vez que podem *ser* unimodais *(com um único meio de transporte)*, multimodais (com *vários meios de transporte)* ou intermodais *(com diferentes meios de transporte combinados), de modo a envolver* mais do que um meio de transporte. O sistema TIR permite a combinação de diferentes modos de transporte, desde que pelo menos uma parte do transporte total seja efectuada por estrada.

Fonte : (Asercomex Logistics)

Os serviços

Podem incluir fornecedores individuais e empresas, bem como utilizadores individuais e empresas.

fornecedores (transportadores, conferências marítimas ou companhias aéreas).

utilizadores (importadores, exportadores, distribuidores ou associações de utilizadores).

4.2.1 Infra-estruturas de transportes terrestres na Colômbia.

As infra-estruturas de transportes na Colômbia são da responsabilidade do Ministério dos Transportes, que trabalha em colaboração com a Agência do Ambiente, o Departamento de Minas e Planeamento Energético, a Companhia Petrolífera Colombiana (Ecopetrol), o Ministério das Minas e Energia e outros organismos públicos.

Na Colômbia, sempre houve o desejo de mudar a estrutura dos transportes, e os esforços para a concretizar aumentaram quando membros do governo colombiano se aperceberam da grande fonte de receitas que isso poderia representar, trabalhando lado a lado com as multinacionais que também querem ter o controlo desta grande cadeia.

Isto conduziu a padrões negativos, como a perda de interesse por um meio de transporte tão específico e altamente eficiente como o caminho de ferro, em que se considera que é melhor dispor de recursos para o transporte terrestre, que também não é satisfeito, do que tentar restaurar a eficiência da Colômbia através do caminho de ferro.

A informação contida no SICE - Transporte Nacional de Mercadorias corresponde ao sistema de informação sobre o custo eficiente do transporte de mercadorias em veículos automóveis desenvolvido pelo Ministério dos Transportes, que apenas abrange as rotas para os vários portos, aeroportos e zonas logísticas onde as mercadorias são transportadas, incluindo os destinos nacionais.

A Colômbia tem mais de 140.000 quilómetros de estradas terciárias, 24% das quais não são pavimentadas, 70% são pavimentadas e 6% são asfaltadas. É evidente que a construção de estradas terciárias deve fazer parte integrante da transformação das infra-estruturas do país, juntamente com a construção das grandes auto-estradas do país, a fim de melhorar a sua competitividade. Para além das infra-estruturas de transportes terrestres, o governo deve lançar um plano de ligação de todos os meios de transporte, o que não só abrirá mais oportunidades para os produtores, mas também melhorará consideravelmente as possibilidades de entrega e de abastecimento. Deste ponto de vista, ainda há muito a fazer, uma vez que a Colômbia é o pior país da América do Sul em termos de infra-estruturas ferroviárias, um meio que obviamente contribuiria muito para a intermodalidade (Departamento Nacional de Planeacion DPN, 2014).

De acordo com o documento, o plano para melhorar a Colômbia inclui a construção de estradas terciárias para ligar as chamadas grandes auto-estradas e os sistemas ferroviários, que estão a desaparecer gradualmente por já não serem utilizados.

Política de preços gratuitos

Devido à grande importância dos transportes terrestres na Colômbia e à análise da vasta gama de serviços disponíveis no país, o Ministério dos Transportes quis assumir o controlo desta atividade e uma das principais alternativas de controlo eram as tarifas.

A liberdade tarifária prevista na nova política relativa aos camiões visa modernizar o sector e incentivar a concorrência e a inovação. O objetivo desta medida é permitir que os transportadores mais eficientes concorram com preços mais baixos, enquanto o governo monitoriza o mercado e garante preços justos para todos.

4.2.2 Recursos para o transporte terrestre interno.

Atualmente, podemos constatar que, na Colômbia, existem dois meios de transporte terrestre que podem ser geridos: as estradas e os caminhos-de-ferro, que não são muito importantes para o Estado, mas que, no entanto, são considerados como um meio que pode ser aproveitado ao máximo e que é muito mais vantajoso para o transporte de mercadorias.

Arruda

As estradas são geralmente transitáveis, exceto durante a estação das chuvas, quando a maior parte dos deslizamentos de terra ocorrem e bloqueiam as estradas. Existem poucas auto-estradas e a maioria das estradas é de uma só faixa.

Algumas estradas tornaram-se muito perigosas devido aos postos de controlo da guerrilha e à criminalidade em geral.

Caminhos-de-ferro

Os comboios são utilizados principalmente para o transporte de mercadorias e o transporte de passageiros entre cidades é praticamente inexistente. Nos últimos anos, o tráfego foi frequentemente interrompido devido a dificuldades financeiras. A linha mais importante é a que liga Santa Fé de

Bogotá com Santa Marta.

Nos anos 60, o sistema ferroviário era considerado um monopólio e um sistema de transporte anti-técnico, não rentável e puramente competitivo, sem integração com outros sistemas de transporte e com preços de bilhetes proibitivamente elevados. Além disso, os défices de exploração dos caminhos-de-ferro eram suportados pelo Estado, o que provocava uma diminuição das receitas das empresas de transporte. Em alguns casos, a coexistência com o tráfego automóvel foi considerada injusta (Palacio, 2016).

Um bom sistema de transportes deveria ser um indicador necessário do progresso de um país, uma vez que permite o transporte da produção para os locais de consumo. No entanto, nos anos 60, não existia uma política oficial de transportes clara que correspondesse ao progresso acelerado do país. As poucas medidas que foram tomadas eram temporárias e procuravam uma solução imediata para problemas urgentes, sem pensar a longo prazo (Palacio, 2016).

Quadro 2 Material transportado na Colômbia por ano e meio de transporte

SISTEMAS	Milhares de toneladas transportadas					
	1956	1968	2005	2010	2013	2014
1 caminho de ferro	5.000	3.237	308	366	97	174
2 Rio Magdalena	2.069	2.601	2.210	1.464	1.384	1.727
3 Aviação comercial	130	106	135	119	149	163
4 condutas	7.000	11.451	51.836	76.707	140.381	163.105
5 camiões"	15.767	34.245	139.646	181.021	220.309	226.747
TOTAL	29.966	51.640	194.135	259.678	362.321	391.916

Fonte: (Palacio, 2016)

A tabela acima mostra que o transporte ferroviário diminuiu na Colômbia, enquanto o transporte terrestre se desenvolveu e continua a aumentar significativamente, dando sustentabilidade aos diferentes departamentos graças às funções e regulamentos que um veículo desta categoria deve cumprir para poder circular no território nacional.

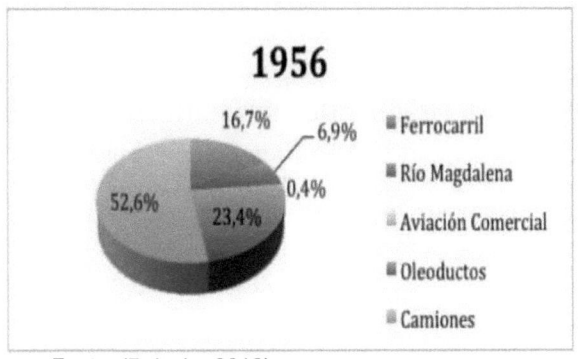

Fonte: (Palacio, 2016)

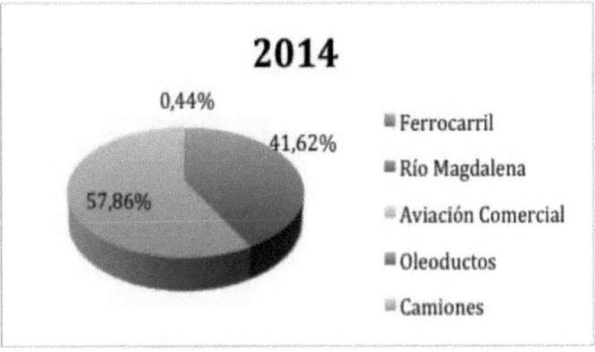

Fonte: (Palacio, 2016)

Os diagramas mostram o grande desenvolvimento e monopólio que o transporte terrestre adquiriu na Colômbia, resultando numa grande mobilização de cargas por este meio e quase excluindo outras alternativas de transporte de cargas e equipamentos.

4. Objectivos dos transportes terrestres na Colômbia

Na Colômbia considera-se que o transporte terrestre deve ser competitivo, já que é uma das profissões mais exploradas em todo o território nacional, sem deixar de lado a tão importante consideração que esta atividade deve levar a cabo, para eles o estado desempeno modelos de tipolog^a do trabalho que se poderia levar a cabo neste campo para o que consideram

o seguinte :

Vigilância: o mercado é monitorizado para que o Estado possa detetar situações que exijam a sua intervenção.

VIGILADOS	2015	2016	Diferencia No.	% Variación
Empresas de pasajeros por carretera - PC	550	235	-315	-57%
Empresas de transporte especial – ES	1370	1275	-95	-7%
Empresas transporte mixto – MX	173	41	-132	-76%
Empresas transportadoras de carga - CG	2922	3107	185	6%
EMPRESAS DE TRANSPORTE TERRESTRE AUTOMOTOR	5015	4658	-357	-7%
Centros de enseñanza automovilística - CEA	625	656	31	5%
Organismos de tránsito – OT	245	221	-24	-10%
Centros de reconocimiento de conductores - CRC	465	373	-92	-20%
Centros de diagnostico automotor - CDA	365	333	-32	-9%
Centros integrales de atención – CIA	175	94	-81	-46%
ORGANISMOS DE APOYO	1875	1677	-198	-11%
Autoridades de tránsito	1102	1102	0	0%
Transporte masivo	28	41	13	46%
Transporte por cable	4	4	0	0%
Terminales de transporte	41	43	2	5%
OTROS VIGILADOS	1175	1190	15	1%
TOTAL VIGILADOS	8065	7525	-540	-7%

Fonte: (Superintendência de Portos e Transportes, 2016).

Em 2016, foi realizada uma limpeza nos bancos de dados de partes monitoradas da Superintendência de Portos e Transportes com a ajuda do Departamento de Transportes, razão pela qual o número de partes monitoradas foi menor do que no ano anterior. (Superintendência de Portos e Transportes (Departamento de Transportes), 2016).

Os resultados alcançados em 2016 pela autoridade de controlo delegada para as concessões e infra-estruturas foram os seguintes

GRUPO	2015	2016	Diferencia No.	PORCENTAJE
Férreo	4	6	2	50%
Terminales De Transporte Terrestre Automotor	41	42	1	2%
Aeropuertos y Aerolíneas	159	165	6	4%
Viales	49	63	14	29%
Total Vigilados	253	276	23	9%

Fonte: (Superintendencia de puertos y transporte (Ministerio de transporte), 2016).

Com base no número de visitas efectuadas, foi contabilizado um total de 171 supervisores, o que corresponde a uma cobertura nacional de 80%.

Acordo: para dar ao proprietário, ao produtor de eletricidade e à empresa de transporte um critério que facilite a negociação.

Educativo: fornecer aos motoristas e proprietários as ferramentas necessárias para compreenderem a estrutura de custos do transporte de mercadorias e, assim, tornarem a sua atividade mais técnica.

5. SICE - TAC

Para apoiar esta vasta operação, o Estado desenvolveu ferramentas muito precisas, como o SICE-TAC, um sistema de informação que mede ou calcula o custo do transporte em função das características de cada viagem: tipo de veículo, tipo de carga, origem/destino, tempo de espera previsto, carga e descarga.

Estrutura dos custos de exploração

Desde há alguns anos, o sector dos transportes colombiano tem sido afetado pelo aumento dos custos de exploração, pela concorrência desleal entre transportadores devido ao excesso de oferta, pela depreciação das taxas de frete e pelos elevados preços dos combustíveis.

Custos variáveis

São os custos incorridos com a mobilização do veículo. Estes custos incluem o combustível, a manutenção e as reparações, os pneus, as portagens, os lubrificantes, a lavagem e a lubrificação, bem como as despesas acessórias.

O aumento dos custos operacionais de 2015 começou com um aumento no índice de 4,08%, principalmente devido à alta do dólar, que aumentou significativamente o custo do capital - o valor dos veículos importados, que representa 8,50% da cesta de custos operacionais -, o item de insumos importados como pneus, pneumáticos, filtros e lubrificantes, que pesam 11,09% na cesta de custos, e a manutenção, que pesa 12,35% na cesta de custos. (Perlaza, 2015)

Custos fixos

São os custos incorridos pelo proprietário do veículo, quer este esteja ou não em serviço. Estes custos incluem salários e serviços básicos (pessoal), seguros, estacionamento, impostos e retorno do investimento.

Outras despesas

Trata-se de custos que dependem da faturação da viagem a efetuar. Estes custos incluem comissões e serviços, custos administrativos, rete fuente e reteICA.

De acordo com o inquérito trimestral às empresas (EET) realizado pela COLFECAR, o sector do transporte rodoviário de mercadorias registou uma queda nas toneladas mobilizadas no quarto trimestre de 2014 (- 0,11% em relação ao mesmo período de 2013), contra 40,05 milhões de toneladas no quarto trimestre de 2013.

Em termos de faturação das transacções, registou-se uma diminuição de 3,95%, passando de 4,31 mil milhões de pesos no quarto trimestre de 2013 para 4,14 mil milhões de pesos no mesmo período de 2014. (Colfecar, 2015)

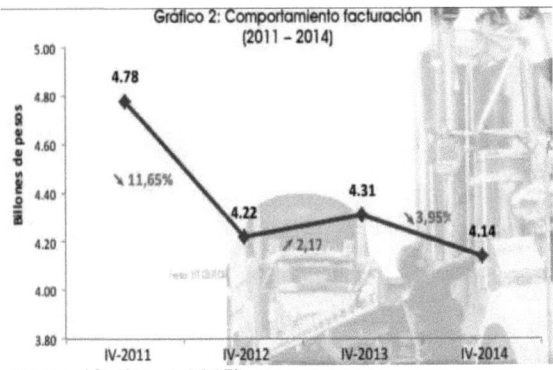

Fonte: (Colfecar, 2015).

De acordo com (Colfecar, 2015), o índice de custo do frete no período de janeiro a dezembro de 2014 foi de 1,65%. Isto representa uma diferença de menos 55 pontos percentuais em relação ao mesmo período de 2013, que foi de 2,20%. Esta diferença explica-se, em parte, pelo comportamento do fator "combustível", que aumentou 0,02% entre janeiro e dezembro de 2014, enquanto que, no mesmo período de 2013, o aumento foi de 1,35%.

Na Colômbia, é preocupante ver como o índice de preços dos

transportadores (TPI) está a aumentar mais rapidamente do que a inflação ou o índice de preços no consumidor e o índice de custos do transporte rodoviário (ICTC), como mostra o gráfico abaixo.

Fonte: (Colfecar, 2015).

Há mais de 10 anos que o Ministério dos Transportes trabalha para desenvolver um modelo de custos que reflicta as condições reais de funcionamento das empresas de transportes. Para desenvolver um modelo fiável e eficaz, o Ministério dos Transportes concentrou os seus esforços na realização de inquéritos no terreno, na consolidação das estatísticas de funcionamento dos veículos, na colaboração com outros organismos, como o DANE e a Agência Nacional de Planeamento, e no feedback contínuo do sector dos transportes. O resultado deste processo é o SICE-TAC, uma ferramenta robusta e fiável capaz de se adaptar às constantes mudanças no sector dos transportes da Colômbia.

6. A COLÔMBIA E OS TRANSPORTES INTERNACIONAIS

Como já referimos, a existência de serviços de transporte marítimo eficazes e eficientes é essencial para a economia de qualquer país, uma vez que contribui em grande medida para melhorar a competitividade, em particular para a Colômbia, que é o objeto do nosso debate.

É importante que o governo colombiano estabeleça uma relação ou sinergia entre todos os intervenientes no sector para facilitar o transporte nacional e internacional de mercadorias e obter resultados positivos que proporcionem ao país um elevado nível de competitividade. A primeira coisa a fazer é investir nas infra-estruturas do país, tais como estradas em excelentes condições e maquinaria, melhorar a segurança dos transportes e fornecer equipamento sofisticado para atingir a capacidade necessária para todos os tipos de carga.

De acordo com (El TIEMPO, 2005), as infra-estruturas de transporte da Colômbia são insuficientes, pouco competitivas e incapazes de fazer face ao aumento dos fluxos comerciais após a entrada em vigor do acordo de comércio livre com os Estados Unidos e outros blocos económicos.

Não só todos os sistemas de transporte de mercadorias - rodoviário, aéreo, ferroviário, fluvial e portuário - têm problemas individuais, como o sistema multimodal não está a ser aplicado como deveria, devido à falta de coordenação entre todos os responsáveis, o que faz com que os produtos colombianos não sejam muito competitivos no mercado internacional.

O transporte de mercadorias melhorou na Colômbia, mas não é suficiente para criar um sistema competitivo, uma vez que há mais importações do que exportações, como mostra o gráfico abaixo.

Gráfico 5. Balanza comercial. 2008 a 2014

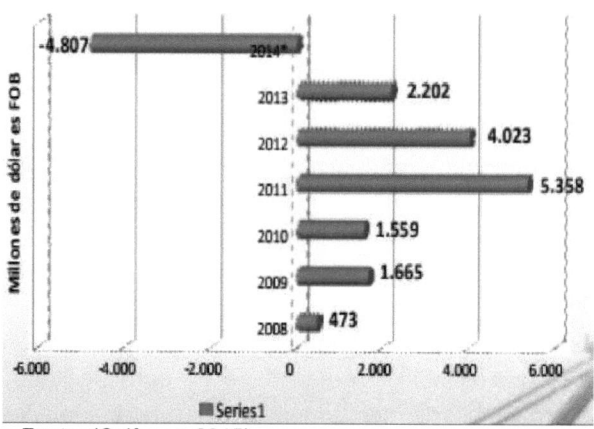

Fonte: (Colfecar, 2015).

De acordo com (Colfecar, 2015), em 2014 registou-se uma balança comercial negativa, com as exportações a caírem 21,7% em relação a 2013.

98,8% das mercadorias exportadas são efectuadas por via rodoviária; 1,0% das mercadorias exportadas são efectuadas por via terrestre. Além disso, 97,3% das toneladas provenientes do estrangeiro chegam por via rodoviária e 2,1% por via terrestre.

Gráfico 6.Carga exportados e importados por modo de transporte janeiro-novembro 2014 / 2013

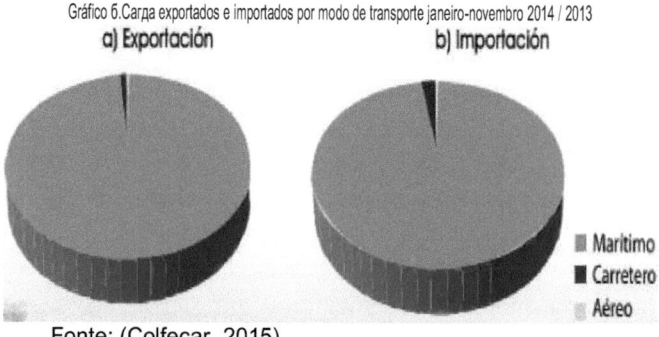

Fonte: (Colfecar, 2015).

É de salientar a importância dos portos da Colômbia continental, como Buenaventura, Santa Marta, Cartagena e Barranquilla, que se tornaram factores decisivos para o comércio externo colombiano devido à sua grande capacidade de carga, flexibilidade na movimentação de carga e competitividade em termos de taxas de frete. Em 2016, os portos colombianos - incluindo operadores portuários e empresas portuárias públicas e privadas - movimentaram um total de 153 milhões de toneladas de carga, o que representa um aumento de 1,3% em relação a 2011, de acordo com o DANE.

7. UMA HISTÓRIA DE SUCESSO.

Sociedade Portuária Buenaventura (SPB)

Começou a operar em março de 1994, quando o Governo lhe atribuiu uma concessão por 20 anos, cujo principal objetivo é a gestão, manutenção e investimento no porto, mas não a sua exploração, uma vez que a lei atribui essa tarefa aos operadores portuários. A primeira medida tomada pela Sociedad Portuaria Regional de Buenaventura (SPRBUN), como era inicialmente designada, após a privatização foi a realização de um estudo pormenorizado sobre o destino real do porto; conseguiu determinar o que o comércio externo colombiano esperava de Buenaventura e avaliou também a excelente localização geográfica do porto. Com base nestes estudos, foi elaborado um ambicioso plano de investimento destinado a obter uma maior eficiência operacional através da melhoria do equipamento técnico de carregamento de mercadorias a granel e da aquisição de pórticos para a movimentação de contentores.

A otimização das operações permitiu à SPRBUN reduzir as tarifas até 60% em relação às tarifas em vigor quando a Puertos de Colombia (uma empresa pública estatal) estava em funcionamento, o que resultou num aumento de 10% do número de navios no porto e num aumento de 11% do volume de carga (Dinero, 2004).

Hoje, na sequência da fusão com a Tecsa S.A.S., a Sociedad Portuaria Regional de Buenaventura foi transformada no grupo de empresas Sociedad Portuaria de Buenaventura (SPB), devido a problemas de operação e mobilidade, infra-estruturas e finanças internas. O objetivo desta decisão é reforçar os serviços do operador portuário e as soluções logísticas para os clientes.

O SPB representa atualmente 49% do comércio externo da Colômbia, graças ao seu investimento em infra-estruturas e ao facto de ser o único porto polivalente do país. É líder na exportação de café e açúcar, bem como na importação de todos os tipos de veículos. Também se ocupa do transporte de mercadorias a granel, que representa 44% do mercado nacional e 74% da baía de Buenaventura.

De referir que, até 2017, o SPB terá investido 155,9 milhões de dólares na melhoria das suas operações (Portfolio, 2016).

Fonte: (Portfolio, 2016)

De acordo com (portfolio, 2016) em 2017 investiram mais de 96 milhões de dólares, 63 dos quais para a compra de 4 pórticos que já se encontram em serviço num total de 10 e acrescentaram os 36 pórticos de borracha (RTG) como parte da melhoria do sistema de qualidade e satisfazer as exigências de todos os seus clientes movimentando em média entre 100 e 120 contentores por navio-hora e está atualmente a trabalhar na implementação e adaptação de 250 metros lineares do cais um.

Outro aspeto do SPB que deve ser destacado é a adaptação do sistema tecnológico , que agiliza a exploração de todos os seus bens, como um dispositivo de digitalização que ajuda a simplificar os processos de inspeção dos serviços aduaneiros e antidroga, e o sistema integrado de segurança eletrónica SISE, que consiste num circuito fechado de televisão equipado com 2.540 câmaras especiais para controlar o acesso e garantir a segurança de todos os seus componentes.

8. DESENVOLVIMENTO A NÍVEL MUNDIAL.

Para citar algumas referências com as quais podemos adquirir conhecimentos, temos os 10 principais portos do mundo, com grandes plataformas logísticas e uma história de desenvolvimento significativo, com os quais podemos aprender.

Através destes magníficos exemplos, a Colômbia pode analisar e concretizar muitas ideologias que pode implementar no seu desenvolvimento para obter resultados mais fiáveis no futuro, com os quais pode competir e aumentar a sua produtividade face às grandes negociações internacionais.

Mas depois da grande influência que a logística começou a ter no mundo, as pessoas começaram a perguntar quais eram os 10 melhores portos logísticos do mundo. É por isso que apresentamos os 10 maiores portos de contentores do mundo. É uma grande surpresa saber que nove dos dez maiores portos estão no continente asiático.

Porto	País
Xangai	China
Singapura	Singapura
Shenzhen	China
NingboZhoushan	China
Hong Kong	China
Busan	Coreia do Sul
Porto de Guangzhou	China
Qingdao	China
Jebel Ali, Dubai	V.A.E.

Tianjin	China

Fonte: produção própria.

Se olharmos para os números acima, a Ásia lidera o mundo no movimento de contentores. Em 2015, o número de contentores aumentou 72%, o que faz dela o maior volume de contentores mobilizados no mundo.

Hoje, graças à evolução do mundo da logística, atingimos uma quota de mercado de

Europa = 13,2%.
América=9,6%.
Médio Oriente= 5,25%.

Podemos esperar que o seu comportamento evolua graças aos grandes tratados assinados e ao empenhamento de cada nação em ser cada vez mais competitiva.
Fonte (sector da revista Mantimo) Engenharia Naval

Referências de benchmarking

Uma das referências mais importantes que podemos ter em conta ao aplicar o benchmarking na Colômbia é o porto de Xangai, na China, que ocupa o primeiro lugar entre as melhores plataformas logísticas para o transporte de contentores do mundo. Como mencionámos anteriormente, estes portos evoluíram tanto que podemos aplicar muitas destas práticas ao nosso país, a Colômbia, porque também temos todas as condições ambientais para competir com os melhores.

Segue-se uma breve panorâmica das tendências demográficas no principal porto logístico da China.

Xangai (China)

O porto de Xangai, cuja história remonta a séculos, tem terminais de contentores nas zonas de Yangshan, Waigaoqiao e Wusong, com um comprimento de cais de mais de 13 km, 156 gruas portuárias e uma superfície total de contentores de 6 730 000 m2. No ano passado, foram movimentados em Xangai 36,54 milhões de TEU, mais 3,5% do que em 2014. Este crescimento foi mais lento do que os 5% registados no ano anterior.

Necessidade de desenvolver máquinas para portos e terminais de mercadorias.

Como o desenvolvimento do transporte de mercadorias obrigou todos os países a expandir-se, as principais empresas responsáveis pelo fabrico de grandes máquinas para o transporte seguro e eficiente de mercadorias também se juntaram ao movimento. Foi nesta altura que chegaram as empresas responsáveis pelo fabrico das várias gruas para contentores, que foram obrigadas a melhorar as suas construções e capacidades devido à procura exportada por todos os portos do mundo e, com a ajuda destes fabricantes, a mobilidade será maior, mas são necessárias máquinas eficazes e eficientes.

Os accionamentos e os sistemas de controlo podem ser encontrados em instalações portuárias de todo o mundo. O desempenho necessário para transportar mercadorias de forma eficiente e segura permitiu-nos maximizar a automação, a fiabilidade e a segurança em cada grua utilizada para movimentos logísticos, aumentando a velocidade e a agilidade dos processos típicos de mobilidade. Eis apenas alguns exemplos:

Gruas para contentores

- Com mola
- Porto móvel
- Sobrepneumáticos Portikus
- Saliência do pórtico
- Desportos de risco

Transbordo de mercadorias a granel

- Transferência de carga
- Balde com dois compartimentos
- Grua giratória

- Grua de Pontm

Estaleiro

- Um braço
- Dois braços
- Colunata gigante

Sistemas de acionamento modulares

Os sistemas de pontes rolantes da Control são essencialmente constituídos por accionamentos modulares Unidrive SP AC. Estas unidades motorizadas são compactas e flexíveis, capazes de suportar cargas até 1,9 MW. Ao mesmo tempo, cada módulo é suficientemente compacto e leve para garantir um manuseamento fácil no local e simplificar a instalação e a manutenção.

Podem ser configurados para proporcionar redundância e tolerância a falhas, de modo a que as gruas possam continuar a funcionar mesmo que um módulo falhe.

Sistema de Controlo de Gruas (CSM)

O sistema de controlo CSM monitoriza as condições físicas e operacionais da grua em tempo real. Pode ser utilizado para operar a grua, planear operações de manutenção, analisar avarias da grua e obter dados de produção da grua.

Sistema de Posicionamento Global Diferencial (DGPS)

O sistema de controlo DGPS é um sistema de controlo automático e de monitorização do transporte baseado em GPS para aplicações portuárias, que pode ser utilizado tanto em pórticos com rodas como em pórticos com pneus. O sistema oferece um modo de posicionamento relativo por satélite (diferencial) de

Excelente precisão, com uma percentagem mínima de erros de

35

posição.

A importância dos Incoterms no transporte internacional de mercadorias

Os Incoterms, ou "International Commercial Terms", publicados pela Câmara de Comércio Internacional, desempenham um papel fundamental no transporte internacional de mercadorias, especificando numa linguagem normalizada quem suporta os custos e qual é a responsabilidade de cada uma das partes envolvidas *(transferência de risco entre comprador e vendedor)* durante as várias fases do transporte.

Para compreender a importância dos Incoterms, é necessário estar familiarizado com alguns conceitos básicos, tais como

• Entrega de mercadorias

Pode ser administrado de diferentes formas:

Direta *(os bens são entregues diretamente ao comprador).*

Indireta *(os bens são entregues a um intermediário do comprador ou a um transportador).*

• Transferência de riscos

É o momento em que o exportador deixa de ser responsável pelo destino das mercadorias e o importador assume todos os riscos durante o trânsito.

Isto pode ser feito através da definição de pontos geográficos ou momentos cronológicos *(prazos)*.

• Repartição das despesas

As duas partes chegam a um acordo sobre as despesas de funcionamento, por exemplo, transporte, papéis ou documentos, seguros, etc.

- Procedimentos de desalfandegamento

Em geral, o vendedor é responsável pelas formalidades de exportação, exceto no caso de EXW (Ex - Works ou Ex - Factory). Para além disso, as formalidades de importação só são consideradas da responsabilidade do exportador no caso de DDP (Delivery Duty Paid) (Herbert Figueroa R, 2013).

Incoterms	
Acrónimos	Prazo
Exw (ex trabalho)	As mercadorias são entregues nas instalações do vendedor e o transportador não é facturado por elas. Todos os custos de exportação ficam a cargo do comprador.
Fca (livre transportadora)	O vendedor é responsável pela embalagem, carregamento e transporte das mercadorias até ao local acordado.
Fas(livre Ao longo do barco)	Trata-se do mesmo que o anterior, mas, para além disso, o vendedor é responsável por colocar as mercadorias a bordo do navio. O vendedor deve desalfandegar as mercadorias na estância aduaneira de exportação.
Fob (livre a bordo) :	A responsabilidade do vendedor só cessa quando a mercadoria tiver passado pela amurada do navio.
Cfr(custo e frete) :	O vendedor suportará todos os custos até à chegada da mercadoria ao porto indicado (sem descarga).
Cif (custo, seguro e frete) :	Tem as características do cfr, mas, além disso, o vendedor é obrigado a subscrever um seguro para cobrir os riscos durante o transporte; a partir desse momento, todos os riscos são suportados pelo comprador.
Cpt (transporte pago) :	O risco de perda ou poluição é transferido para o comprador a partir do momento em que a mercadoria é entregue ao primeiro transportador.
Cip (frete e seguro pagos)	O vendedor suportará o custo do seguro de transporte até ao destino acordado.
Dat (entregue em terminal)	O vendedor é obrigado a entregar as mercadorias no porto ou terminal aeroportuário acordado. O vendedor suportará todos os custos até que as mercadorias sejam descarregadas nesse porto.
Dap(entregue em lugar) :	A mercadoria é entregue no armazém do comprador. Não é necessário descarregar.

Ddp (entregue com direitos pagos)	A mercadoria é entregue no local do comprador. O vendedor suporta todos os custos (incluindo os custos de desalfandegamento de exportação e importação), com exceção da descarga das mercadorias.
	no armazém do comprador. Este é o compromisso mais importante para o vendedor

Fonte: produção própria

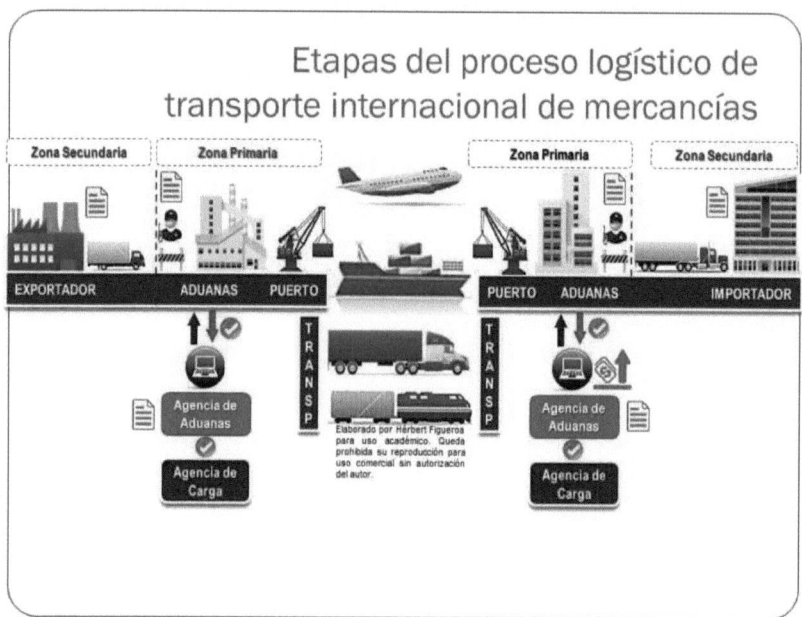

Fonte: Helbert Figueroa R, 2013

38

9. OUTROS GRANDES PORTOS DO MUNDO.

Porto de Algeciras (Espanha)

Um dos portos mais importantes do Mediterrâneo. Em 2015, segundo dados de Puerto de la Finca, foram movimentados neste porto 98,23 milhões de toneladas. Embora remonte a 1894, o seu desenvolvimento como plataforma logística só começou na segunda metade do século XX, com a construção, em 1964, de um complexo industrial e químico junto à baía, cujos principais representantes são a refinaria Gibraltar-San Roque de Cepsa e a fábrica de aço inoxidável Acerinox.

Em 1982, o Porto de Algeciras-La Lmea juntou-se ao Porto de Tarifa, alargando a jurisdição da Autoridade Portuária a todo o Estreito. A partir de 1993, o porto passou a denominar-se Puerto de la Bahia de Algeciras e a sua autoridade portuária passou também a designar-se Porto de Algeciras.

O porto da baía de Algeciras está situado no sul da Andaluzia (Espanha). É constituído por um conjunto de infra-estruturas marítimas dispersas pela baía de Algeciras. Embora apenas os núcleos urbanos de Algeciras e La Lmea de la Concepción tenham vista para a baía, existem também instalações portuárias no resto da costa, pertencentes aos municípios de Los Barrios e San Roque. É gerido pela Autoridade Portuária da Baía de Algeciras, em conjunto com o Porto de Tarifa.

É o primeiro porto espanhol em termos de tráfego total de mercadorias e o primeiro porto do Mediterrâneo 1, ocupando o 25º lugar no mundo e o 6º na Europa em termos de tráfego de contentores.

Fonte: (COMPORT Bahia de Algeciras, s.f.)

Outra caraterística especial deste porto é o facto de se estar a tornar cada vez mais um dos portos do mundo, porque sabe como lidar com a ameaça que a crise que o continente europeu viveu representa.

Porto de Barcelona (Espanha)

A existência deste porto, o Mare Nostrum, é conhecida desde o batismo da atual Barcelona pelo imperador Augusto, com o nome de Colonia Iulia Augusta Faventia Paterna Barcino.

Outro grande teste para Espanha é o porto de Barcelona, que tem uma grande influência no transporte de bens e pessoas e torna um país altamente competitivo.

Em termos de tráfego de passageiros, é o maior porto mediterrânico de cruzeiros e o quarto maior do mundo, a seguir aos portos das Caraíbas. Muitos navios de cruzeiro do Mediterrâneo têm a sua base no porto de Barcelona.

Porto de Oslo (Noruega).

Como todos sabem, Oslo, a capital da Noruega, é uma cidade muito importante, com infra-estruturas espectaculares e uma dimensão considerável.

Esta cidade é o centro nevrálgico da Noruega, pelo que é atravessada por todas as coisas importantes que constituem a cultura, o governo e a economia do país de que estamos a falar.

Sendo uma cidade tão importante, deveria ter também um porto igualmente importante. O porto de Oslo não é apenas o maior da Noruega, mas também um dos maiores da Europa.

A maior parte das principais cargas do país passa pelo porto de Oslo, que se tornou gradualmente num dos centros da economia do país.

Fonte: (BUSINESS WIRE, 2014).

Este porto não se dedica apenas ao comércio, mas também ao turismo. De facto, quem o visita em qualquer ocasião, encontra certamente um dos muitos grandes navios de cruzeiro que costumam fazer escala aqui, uma vez que Oslo é uma das cidades mais populares para os turistas que visitam a Europa num cruzeiro.

Fonte : (OSLO HAVN PORTO DE OSLO)

Esta é outra grande ideia que o país da Noruega pode desenvolver. Tirar partido de todas as situações para se tornar no que é hoje um dos melhores países do mundo.

Com o aumento da produtividade em Oslo, a indústria de importação e exportação do porto deverá crescer nas suas operações, o que nos mostra que a Noruega é hoje uma grande nação onde a liberdade e as oportunidades de vida das pessoas estão a um bom nível graças a líderes que pensam em resultados colectivos.

Acreditamos que esta é mais uma grande azáfama que esta nação alcançou e que conseguiu ver uma grande alternativa nos processos logísticos, pois esta é uma grande fonte de aceleração do seu desenvolvimento estatal.

10. CONCLUSÕES

- Perante um mundo cada vez mais globalizado e competitivo, é necessário desenvolver os portos de mercadorias e, se a isso juntarmos os consumidores que exigem mais qualidade nos produtos e nos serviços, a logística desempenha um papel fundamental na obtenção de bons resultados.

- Do extrato acima, o leitor pode concluir que os portos da Colômbia constituem um ativo muito importante graças à sua funcionalidade, à sua capacidade de carga e à sua posição estratégica.

- A capacidade dos diferentes portos colombianos para mobilizar e gerir o transporte de mercadorias é um aspeto muito importante a considerar, uma vez que alguns portos têm atualmente mais mobilidade do que outros, nomeadamente o porto regional de Buenaventura, que movimenta 66% das mercadorias que entram na Colômbia.

- Depois de ter estudado várias plataformas logísticas e portos, podemos confirmar que a Colômbia ainda está a desenvolver este tema e que é um caso importante a tratar, pois pode melhorar a competitividade do país a nível global.

- O planeamento, a implementação e o funcionamento das Janelas Únicas (JUE) na América Latina e nas Caraíbas têm vindo a assumir uma importância crescente nas políticas de facilitação do comércio, uma vez que podem tornar as transacções comerciais internacionais mais eficientes, eficazes, transparentes e seguras.

REFERÊNCIAS

(s.d.).
3recomundos (21 de maio de 2014). *LOG^STIC INVERSO*. Recuperado de http://3recomundos.webnode.com.co/news/preguntas-y-sugerencias/.

Brizuela, S. A. (08 de junho de 2005). Estratégias de promoção de serviços logísticos de transporte internacional de mercadorias (estudo de caso PANALPINA). Antiguo Cuscatlan, El Salvador.

BUSINESS WIRE.(11 de julho de 2014). *Porto de Oslo selecciona novo operador para o terminal de contentores de Sjurs0ya*. Recuperado de http://www.businesswire.com/news/home/20140711005201/es/.

Colfecar (2015). Mobilização do transporte de mercadorias. *El Container*, 56.

COMPORT Bahia de Algeciras (n.d.). *Comunidade portuária da Baía de Algeciras*. Acedido em 01 de outubro de   2017 , por http://www.portofalgeciras.com/

Departamento Nacional de Planeamento DPN. (21 de novembro de 2014). *"LA INFRAESTRUCTURA EN EL PLAN NACIONAL DE DESARROLLO 2014-2018 "*.   Obtenidode. https://www.dnp.gov.co/programas/transportes/Paginas/Transporte- v%C3%ADas-comunicaciones-energ%C3%ADa-miner%C3%ADa-e- hidrocarburos.aspx

Dinero (2004). Sociedade portuária regional de Buenaventura "10 anos mas grande". *Dinero*.

El TIEMPO (2005). *A Colômbia não tem capacidade para suportar o impacto do acordo de comércio livre*. Bogotá D.C.: EL TIEMPO.

elEconomista (2017). O Porto de Barcelona promovido em realidade virtual 360° no congresso da Aecoc. *EcoDiario.es*. Acedido em 5 de outubro de 2017.

EMERSON Industrial Automation (n.d.). *MÁQUINAS PARA PORTOS E*

TERMINAIS DE CARGA. Recuperado em 24 de setembro de 2017, de http://www.emersonindustrial.com/en-US/controltechniques/industries/portandfreightterminalmachinery/Pages/portandfreightterminalmachinery.aspx.

Janica, F. (24 de abril de 2016). Logística e infraestrutura na Colômbia: um desafio. *El Espectador*.

A história dos transportes (16 de janeiro de 2011). Recuperado de http://lahistoriadelostransportes.blogspot.com.co/2011/01/el-media-verbesserung.html

Lang, D. (2008). *Logística internacional: gestão global da cadeia de abastecimento*. México D.F: LIMUSA.

Ministério dos Transportes (2007). *Structure des coûts d'exploitation des véhicules dans le transport de marchandises en 2006*.

Ministério dos Transportes (2015). Transporte em números estedisticas 2014. Recuperado em 27 de agosto de 2017 , de. file:///C:/Users/USER/Downloads/Verkehr%20in%20Zahlen%20-%20Statistik%202014.pdf.

Munoz, L. F. (s.d.). A evolução do transporte marítimo internacional. Aplicação ao Mediterrâneo Ocidental . http://www.asesmar.org/conferencias/documentos/doc_semana27/capit ulo2.pdf.

Logística empresarial global Distribuição de transportes (abril de 2011). *Considerações básicas sobre cargas especiais*. Recuperado de http://www.emb.cl/negociosglobales/articulo.mvc?xid=450&edi=18&xit= basic-considerations-of-special-loads.

OSLO HAVN PORTO DE OSLO (n.d.). *Porto de Oslo - em resumo*. Acedido em 30 de setembro de 2017 , por http://www.oslohavn.no/en/about_us/port_of_oslo/

Palacio, A. G. (2016). *Desenvolvimento do transporte terrestre de mercadorias na Colômbia e seu impacto nas empresas do sector industrial do Valle de Aburra*. Medellín.

Perlaza, R. (2015, 4 de fevereiro). A crise no sector dos transportes. *El Container (Colfecar)*, 56. Recuperado em 17 de setembro de 2017, de http://www.colfecar.org.co/container%202015/elcontainer_febrero _2015.pdf.

carteira (2016). Grupo empresarial SPB inicia operações este mês. *Portfólio*.

Rosas, C. M. (julho de 2013). Análise do transporte de mercadorias na Colômbia para desenvolver estratégias para alcançar a competitividade internacional e padrões de infraestrutura. Bogotá D.C., Colômbia.

Saldarriaga, D. L. (27 de junho de 2017). *La Gestion del Transporte (Entrega II) - por Diego Luis Saldarriaga R.* Recuperado de http://www.zonalogistica.com/articulos-especializados/la-gestion-del- transporte-entrega-ii-by-diego-luis-saldarriaga-r/

Shuttleworth, M. (21 de maio de 2008). *Exemplo de artigo de investigação* . *10 de julho de 2017*. Acedido por. https://explorable.com/es/ejemplo-de-un-articulo-de-investigacion

Superintendência de Portos e Transportes (Ministério dos Transportes) (2016). *Relatório de gestão 2016*. Bogotá D.C. Acessado em 17 de setembro de 2017 , por. http://www.supertransporte.gov.co/documentos/2017/Febrero/Pla neacio n_09/Management_Bericht_2016_1_1.pdf

triana, A. (1 de março de 2015). *Classificação de cargas*. Recuperado de http://clasificacion-de-la-carga.blogspot.com/.

Nações Unidas (2012). "Trade Facilitation Implementation Guide" Recuperado de http://tfig.unece.org/SP/contents/transit- transport-operation.htm.

Figueroa, R. H. (30 de julho de 2013). História do comércio internacional (Parte 1): Dos fenícios ao Império Espanhol. Rotas comerciais. Recuperado

de
https://pymeinternacionalizada.wordpress.com/2013/07/30/la-importance-of-incoterms-2010-incoterms-for-foreign-trade-activities-part-i/

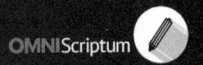

Printed by Books on Demand GmbH, Norderstedt / Germany